ROXELANE,

TRAGI-COMEDIE.

A PARIS,

Chez { ANTOINE DE SOMMAVILLE, à l'Escu de France, dans la Salle des Merciers. ET AVGVSTIN COVRBÉ, Lib. & Impr. de Monſ. Frere du Roy, à la Palme, en la meſme Salle. } au Palais.

Desmares

M. DC. XLIII.

AVEC PRIVILEGE DV ROY.

A MADEMOISELLE DE SOVCARRIERE

MADEMOISELLE,

Tant de belles qualitez que vous possedez deuoient deffendre à Roxelane qui conoist ses deffaux, de se presenter deuant vous, si vos bontez aussi connuës que vos autres vertus ne luy en eussent donné la hardiesse. Mais quand elle a sçeu que vous estiez la protection de ceux qui en ont besoin, & particulierement des Muses qui vous en doiuent leurs reconoissances, elle a mieux aymé pecher contre la discretion en se mettant en hazard de vous déplaire, que contre son deuoir en ne vous rendant pas les hommages qui sont deus à vos perfections. Si son choix est vn effait de sa temerité, il peut estre aussi vne marque de son iugement, puis qu'estant resoluë de voir la France elle a creu auoir treuué vn Dieu tutelaire en vous: Vous, dis-ie, MADEMOISELLE, que toutes les personnes raisonnables reuerent, & en faueur de laquelle ils pardonneront aux mauuaises choses qu'ils y trouueront, & donneront des applaudissements aux mediocres. Quoy que l'ordinaire presomption de ses pareilles soit de pretendre à l'immortalité & de la faire esperer à ceux qu'elles honorent, elle a des sentiments assez modestes d'elle mesme pour y renoncer, si vostre nom pour lequel le temps aura du respect ne prolonge sa durée. Ainsi, MADEMOISELLE, bien loin de vous promettre cet auantage, elle l'attend de vous, & au lieu de croire contribuer quelque chose à vostre renommée par les loüanges qu'elle vous pourroit donner, elle espere augmenter la sienne par les deuoirs qu'elle rend à vostre merite. En effait, comme on ne peut rien adiouster aux choses acheuées, la Nature ayant fait voir en vous vne vnion parfaite de tout les auantages du cors & de l'ame; Il n'est point de plume si eloquente qui bien loin de rehausser vostre gloire n'en diminuast l'éclat par son impuissance. Ceste beauté merueilleuse, cet esprit incomparable, & ceste grandeur de courage exemplaire & pourtant sans exemple ont cela des choses diuines qu'on ne peut mieux exprimer l'estime qu'on en fait que par vn respectueux silence. C'est pourquoy, MADEMOISELLE, puisque le respect que ie vous doy l'ordonne, ie me tairay, apres la protestation publique que ie fais d'estre toute ma vie

MADEMOISELLE,

Vostre tres-humble & tres obeïssant seruiteur, DESMARES.

Extraict du Priuilege du Roy.

PAr grace & Priuilege du Roy, donné à Paris le 16. de Mars 1643. signé par le Roy en son Conseil, GODEFROY, il est permis à ANTOINE DE SOMMAVILLE Marchand Libraire à Paris, d'imprimer vn Liure intitulé, *Theatre de Roxelane Tragi-Comedie*, durant le temps de cinq ans. Et deffences sont faites à toutes personnes de quelque qualité ou condition qu'elles soient, de l'imprimer, ou faire imprimer, à peine de quinze cens liures d'amende, ainsi qu'il est porté plus au long par ledit Priuilege.

Acheué d'imprimer pour la premiere fois, le seiziesme de Mars mil six cents quarante-trois.

Ledit Sommauille a associé audit Priuilege Augustin Courbé, Marchand Libraire à Paris, suiuant l'accord fait entr'eux.

Les Exemplaires ont esté fo

ACTEVRS.

SOLIMAN.

ROXELANE, SVLTANE.

CIRCASSE, autre SVLTANE.

LE MVFTI, où souuerain Prestre de la Loy de Mahomet.

ACMAT BASSA amy de Circasse.

RVSTAN BASSA, gendre de Soliman & de Roxelane.

CHAMERIE, fille de Soliman & de Roxelane.

ORMIN, Colonel des Janissaires.

OSMAN, autre BASSA.

Deux Pages.

Deux Ianissaires.

La Scene est au Serrail.

ROXELANE
TRAGICOMEDIE.

ACTE PREMIER.

SCENE PREMIERE.

CIRCASSE, ACMAT.

CIRCASSE.

VOVS de qui l'amitié ne suit point l'esperance,
Vous à qui la vertu tient lieu de recompense,
Et dont l'affection foule aux pieds l'interest,
Puis qu'elle suit Circasse impuissante qu'elle est,
Trouuez bon que ma voix décharge ma pensée
Du triste souuenir de ma gloire passée;
Et si vous ne pouués combattre mes mal-heurs

Aidés moy pour le moins à plaindre mes douleurs.
Puis que par l'entretien d'vn amy veritable
Le bien deuient plus grand le mal plus supportable
Vous sçauez, cher Acmat, vous sçauez qu'en ce iour
Qui me fist posseder mon Prince & son amour,
On me creut bien-heureuse, & cét amour naissante
Rendit en peu de tems ma fortune éclatante,
Ma Cour fut bien-tost grosse, & ie me vy soumis
Tous ceux que la faueur rend d'ordinaire amis.
Ie creu deuoir attendre en ce degré supréme
D'vn tel commencement vne suite de méme,
Et principalement lors que mon fils fut né
Que l'Empire regarde en qualité d'aîné,
Auec quelque raison ie creu que sa naissance
Auprés du Roy son pere asseurant ma puissance,
Ie m'en pouuois promettre vn eternel amour,
Ie ne le creu pas seule on le creut à la Cour.
En effet si deuant ie me vis honorée,
Ie le puis dire, allors ie me vis adorée,
Et de tous les mortels le plus ambitieux
Me rendoit des honneurs qui ne sont deus qu'aux Dieux.
Mais comme le pouuoir que nous tenons d'vn autre
Auec iuste raison ne se peut dire nostre,
I'appris du changement d'vn Monarque amoureux
Que quiconque peut choir ne se peut dire heureux.
I'appris par le succés de ma fortune éteinte
Qu'on peut aimer les Roys, mais toujours auec crainte;
Que comme le Soleil de mesme leur amour

En quelque lieu qu'il aille y fait suiure le iour.
Si tost que Soliman m'eloigna de sa grace
Pour mettre dans son cœur Roxelane en ma place,
Que sans considerer ny moy ny Mustafa
Par le second amour le premier s'étoufa,
Ie me vy delaissee, & de toute ma gloire
Il ne me resta rien qu'vne triste memoire.
Allors tous ces amis de la prosperité
Pareils à ces oiseaux qu'on ne voit qu'en Esté
Suiuirent la fortune allant chez ma riualle,
Iugez quelle disgrace à la mienne est égalle,
Puisque de cet estat si haut si triomfant
Nous restons trois, Acmat, vne femme, vn enfant.
Enfant, helas enfant dont le sort est à plaindre,
Enfant pour qui ie crains parce qu'on le peut craindre,
A qui trop de Noblesse est vn bien dangereux
Et que trop de grandeur peut rendre malheureux.
A sa perte ie voy que Roxelane entasse
Grandeur dessus grandeur & grace dessus grace,
Qu'elle ne se maintient dedans l'esprit du Roy
Qu'à dessein de nous perdre & mon enfant et moy.
Aßistez, cher Acmat vne ame combatuë
Que l'esperance quitte & que la crainte tuë.

ACMAT.

Vostre crainte il est vray n'est pas sans fondement
Comme vous ie redoute vn triste euenement.

Mais dans l'estat present ie croy de la prudence
De ne rien tesmoigner de cette deffiance,
Autrement nous donnons suiet d'executer
Ce qu'en dissimulant nous pouuons euiter.
Qui tesmoigne qu'il craint oblige d'entreprendre
Et s'oste les moyens de se pouuoir deffendre.
Laissons agir le temps, attendons la saison,
C'est le meilleur aduis que m'offre ma raison.

CIRCASSE.

Non, non hazardons tout où le mal est extreme
Aux extremes malheurs des remedes de mesme.

ACMAT.

Mais en hazardant tout quel est vostre dessein?

CIRCASSE.

De luy planter moy-mesme vn poignard dans le sein.

ACMAT.

D'vn combat inégal l'issuë est perilleuse.

CIRCASSE.

Certaine de ma mort en craindre vne douteuse?

ACMAT.

Perdre ses ennemis pour perir auec eux
Tient du desesperé plus que du genereux.

CIRCASSE.

Qui sçait bien qu'il mourra regrette moins sa perte
Lors que son ennemy comme luy l'a soufferte,

ACMAT.

Auant que de tenter les extrémes hazards
Le sage doit tourner les yeux de toutes pars.
Auant que de tenter vne si grande affaire
Considerés vn peu quel est vostre aduersaire.
Sachés que Roxelane est montée en vn point
Qui donne de la crainte & qui n'en reçoit point.
Son sort l'ayant portée au dessus des tempestes
A mis dessous ses piés dequoy briser nos testes.
Si bien que c'est mourir qu'irriter son couroux,
Et décocher des trais pour retomber sur uous.
Il est vray qu'autresfois n'estant pas si puissante,
On pouuoit étoufer sa fortune naissante ;
Mais depuis que l'amour eut rangé sous ses loix
Celuy qui peut ranger sous les siennes des Roys,
Incontinent on vit en ceste adroite femme
Ioindre aux beautés du cors les puissances de l'âme,

Cet esprit agissant remplit toute la cour,
En ostant & donnant, de terreur, & d'amour,
Et rendit tellement sa puissance affermie
Qu'elle ne doit plus craindre vne attainte ennemie:
Sa grandeur qui ne veut qu'elle pour son support
Est si loin au dessus des puissances du sort
Que qui la fist monter s'il vouloit l'entreprendre
Auroit bien de la peine à la faire dessendre.
Dans ce degré d'honneur dont l'éclat glorieux
Comme vn autre Soleil peut éblouir nos yeux,
Que ne peut-elle pas & que peut-on sur elle.

CIRCASSE.

Toute grande qu'elle est ie say qu'elle est mortelle,
Et si le fer nous manque employons le poison.

ACMAT.

Mais qui le donnera?

CIRCASSE.

Quelqu'vn de sa maison,

ACMAT.

Saches qu'en sa maison personne ne se trouue.

Dont la fidelité ne soit mise à l'épreuue.

CIRCASSE.

Treuue t'on dans la cour de la fidelité?

ACMAT.

Ce qu'on ne trouue point ses dons l'ont acheté.

CIRCASSE.

Vne fidelité que nostre argent nous donne
Pour qui peut plus donner bien-tost nous abandonne.

ACMAT.

Suppozé que l'argent ait assés de pouuoir
Pour en faire sortir quelqu'vn de son deuoir,
Croyés vous rencontrer de la foy dans vn traistre

Et qu'il en ait pour vous en manquant pour son Maistre?
Comme pour de l'argent il la vous donnera
Ainsi pour de l'argent il vous en manquera,
Et si vostre entreprise est enfin découuerte
Vos desseins éuentés hasteront vostre perte.

CIRCASSE.

Donnés moy quelque auis dans ces extremités
Qui redonne le calme à mes sens agités.

ACMAT.

Dißimulés comme elle & par cet artifice
Dont elle vous veut perdre euités sa malice,
Poßible que le tems trauaillera pour vous
Vous mettant en estat de parer à ses cous.
Soliman peut mourir & poßible elle mesme
Et vostre fils monter en ce degré supréme.
Esperés, bien souuent l'inconstance du sort
Nous met dans le naufrage & du naufrage au port

CIRCASSE.

Pour ma seule vertu je prends la patience
Et desormais la feinte est ma seule science.

ACMAT.

ACMAT.

Pour moy que la fortune a tousiours destiné,
A perdre les cadets pour asseurer l'aîné,
Ie suis bien resolu de hazarder ma vie,
Et la perdre plustost qu'elle vous fust rauie.
Mesme dés auiourd'huy quoy qu'il puisse auenir
Ie vay trouuer le Roy pour l'en entretenir.
Ie vay parler bien haut de tout ce qui se passe.

CIRCASSE.

Helas, mon cher Acmat, ie crains vostre disgrace.

ACMAT.

Pour vous allés la voir, & par des compliments
Tachés à penetrer dedans ses sentimens.
Sur tout preparés-vous contre ses artifices.

CIRCASSE.

Que ie vous doy de biens pour tant de bons offices.

SCENE II.

ROXELANE, LE MVFTI,

ROXELANE.

NOn, non, ne pensés pas que la presomption
Suggere ce dessein à mon ambition.
Ie me connois fort bien, pere, et ie me confesse
Indigne d'obtenir le titre de Princesse:
Mais parce que ie voy que ie ne puis rester
En vn lieu si glissant sans descendre ou monter,
C'est vn point resolu qu'il faut que ie finisse,
Ou par le diadéme, ou par le precipice.

LE MVFTI.

Le precipice est vostre et vous le merités
Comme le chastiment de vos temerités.
Qui croiroit qu'vn esprit de la trempe du vostre
La gloire de son sexe & la honte du nostre
Aprés auoir braué les tempestes du sort
Voulust par vanité faire naufrage au port.
Le pouuoir absolu que l'Empereur vous donne

Est indigne de vous sans audir sa couronne?
Vous voulés partager auecques Soliman,
La puissance, le Sceptre, & le Trosne Othoman,
Et diuisant l'Estat il faut qu'on l'affoiblisse,
Pour vous communiquer le rang d'Imperatrice
Croyez-vous que ce peuple ardant et genereux,
Pour vn seul Empereur en reconnoisse deux?
Nauez-vous iamais sçeu que les loix Othomanes,
Deffendent à nos Roys d'epouzer les Sultanes?

ROXELANE.

Ie sçay bien que les loix decident contre moy,
Mais ie voudrois sçauoir qui les fist & pourquoy?

LE MVFTI.

Lors que de Tamerlan les redoutables armes,
Noyerent cet état dans son sang, & ses larmes,
Et que de Bajazet le mal-heur eût permis,
Que sa maison tombast dans les fers ennemis,
Ce Prince mal-heureux que la scitique rage,
Força de terminer ses iours en vne cage,
Aprenant qu'on auoit indignement traité
Du sang paleologue vne illustre beauté,
Compagne de son lit comme de son empire,
Ressentit de ses maux, le dernier & le pire.
Et pour ressouuenir de son ressentiment,

Aux Roys ses successeurs laissa par testament,
D'oster de leur Estat la qualité de Reyne
Pour ne iamais soufrir vne pareille peine.

ROXELANE.

Donques de BajaZet la honteuse prison,
Nous a donné des lois & non pas la raison?
Vn Prince infortuné dont l'ame est alterée
Doit-il donner des loix d'eternelle durée?
Non, non, l'estat present se mocque de ces lois,
Et ie veux desormais en dispenser nos Rois.

LE MVFTI.

Vous ne le pouuez pas à moins que d'estre Reine.

ROXELANE.

C'est par là que ie veux me monstrer souueraine;
Et pour vous dire tout sachez que dans demain,
Vous me verrés ou morte ou le sceptre en la main.
I'epouze Soliman ou bien la sepulture.

LE MVFTI.

De ce dessein ie crains quelque étrange auanture,
Et qu'à ce grand empire il ne couste du sang.

ROXELANE.

S'il en est répandu ce sera de ce flanc.

LE MVFTI.

A quelle ambition vostre ame est asseruie?
Pour le seul nom de Reyne exposer vostre vie,
Vous en auez l'effect, la grandeur, le pouuoir,
Le nom vous manque; il faut, ou mourir, ou l'auoir
Cela ne peut entrer qu'en l'esprit d'vne femme.

ROXELANE.

Pere, il faut vous ouurir les secrets de mon ame;
L'amour de mes enfans me dit et ie le croy,
Que si ie puis atteindre à l'hymen de mon Roy,
Mustafa dont vn iour i'apprehende le crimes,
N'estant que naturel & mes fils legitimes,
Ie les mets en estat de perdre leur aîné
Qui les auroit perdus se voyant couronné,
Croyez, pere, croyez que dans cette entreprise
L'amour de mes enfans me porte & m'autorise,
Et ne me blasmés plus de ma presomption.

LE MVFTI.

Mais ie voy du peril en l'execution.

ROXELANE.

Le chemin que ie tiens n'est pas la violence,
Ie ne veux seulement que vostre confidence,
Me la puis-je promettre ?

LE MVFTI.

Attendés tout de moy,
Et bien que vos desseins me donnent de l'effroy,
Et que de grands hazards precedent la victoire,
I'iray mesme à la mort si c'est pour vostre gloire.

ROXELANE.

Non, pere, asseurez-vous qu'aux desseins que ie fais,
La prudence fera succeder les effais,
Et que sans hazarder que ma seule personne,
Malgré toutes les lois i'obtiendray la couronne,
Ma conduite se veut tellement employer,
Que mesme l'Empereur m'en vienne suplier.

LE MVFTI.

Immortels ie vous fais une iniuste priere,
Soyez les protecteurs d'vn dessein temeraire.

ROXELANE.

Vous verrez qu'il est iuste & que les immortels,
Veullent pour m'y seruir employer leurs Autels,
Et lors que vous sçaurés mes moyens infaillibles,
Vous ne iugerés pas mes desseins impossibles,
Il est bien vray qu'il faut les vous communiquer,
Et m'asseurer de vaincre auant que d'attaquer.

SCENE III.

ROXELANE, CIRCASSE, LE PAGE.

LE PAGE.

LA Sultane Circasse est icy prés, Madame,
Qui demande à vous voir.

ROXELANE.

C'est à ce coup, mon ame, Le Mu ci rétr
Qu'il faut faire merueille en l'art de deceuoir,
Adieu, cher confident, ie vay la receuoir.
A sa simplicité ie vay tendre les charmes,

ircasse aroist.

De la langue, des yeux, s'il est besoin des larmes
Mais la voicy. comment vous souuenir de moy,
Me venir rendre icy l'honneur que ie vous doy?
Vostre bonté sans cesse en ma faueur éclate
Pour me trop obliger vous me rendrez ingratte.

CIRCASSE.

Ie rens ce que ie dois à cet obiect d'honneur,
Que son merite éleue au comble du bon-heur
Qui possedant vn Roy possede sa puissance.

ROXELANE.

I'appelle ce bon-heur des fruits de l'inconstance,
Dont la possession n'a point de fondement,
Et comme elle s'acquiert se pert en vn moment.

CIRCASSE.

Iugés mieux de l'amour dont son ame est atteinte.

ROXELANE.

Cét amour bien que grand n'efface pas ma crainte.

CIRCASSE.

Vous craindre? qui pouuez possedant Soliman
D'vn mot faire trembler tout l'Empire Othoman.

ROXELANE.

ROXELANE.

La crainte à ce mal-heur pour celuy qui la donne,
Qu'en la donnant, iamais elle ne l'abandonne.

CIRCASSE.

Qui se peut faire craindre en est mieux obey,

ROXELANE.

Qui se veut faire craindre en est tousiours hay.

CIRCASSE.

Qui vous pourroit hayr?

ROXELANE.

Ceux qui me peuuent craindre,
Où se peuuent former des sujets de se plaindre.

CIRCASSE.

Se plaindre qui le peut, tout vous estant soumis?

ROXELANE.

Tous ceux que mon bon-heur m'a rendus ennemis.

CIRCASSE.

Mais que pouuez-vous craindre en ce degré suprême?

ROXELANE.

Que puis-ie craindre? tout, ma fortune, moy-même.

CIRCASSE.

Ce discours est obscur, & ce raisonnement
Dans mon esprit confus porte l'étonnement;
De grace expliqués-vous.

ROXELANE.

Sçachés qu'en la iournée
Que toute autre que moy nommeroit fortunée,
Quand l'Empereur m'aymant pour si peu de beauté,
Fist d'vn dessein d'amour vn acte de bonté,
Bien que foible d'esprit, & d'vn aage capable
De croire que i'auois quelque chose d'aymable.
Au milieu des plaisirs qui me furent offers
Mon corps trouua la pompe & mon ame les fers.
Depuis ce iour fatal les soupçons, & la crainte
Tiennent également mon esprit en contrainte;
Aussi-tôt que ie vy que le Roy vous quittant,
Prenoit en ma faueur le titre d'inconstant.

Et qu'il m'agrandissoit à vostre preiudice;
Ie creu qu'il vous rendoit vne extrême iniustice.
A vous de qui la cause auoit pour son support
Vostre fils que l'Empire attend apres sa mort;
A vous dont la beauté, digne d'estre adoree,
Meritoit vn amour, d'eternelle duree;
Voyant qu'on vous traittoit auec tant de mespris
Qu'on ne m'agrandissoit que de vostre débris,
N'ayant pour mon soûtien qu'vne humeur inconstante;
Ie souhaité la fin de ma gloire naissante;
Et dés le premier pas de ce degré si haut,
Ie souhaite y tomber pour faire vn moindre saut.
Que le Ciel l'eust permis! du moins belle Circasse
N'ayant que peu de temps occupé vostre place;
I'en serois moins haye, & vostre inimitié
Auroit changé son nom en celuy de pitié,
Et de tant de soupçons mon ame combatuë.

CIRCASSE.

Brisons-là; ce discours d'inimitié me tuë,
Et vos raisonnemens m'éclaircissent assez
Pour me persuader que vous me hayssez:
Vous ne pouuez m'aymer & croire me déplaire,
Que par vne vertu qui passe l'ordinaire:
Aymer ces ennemis c'est la vertu des Dieux
Que iamais les mortels n'ont peu tirer des Cieux.

ROXELANE.

Croyant auec raison meriter vostre hayne,
Ie la doy receuoir comme vne iuste peine,
Et receuant de vous ce iuste chastiment
Si ie veux quelque mal c'est à moy seulement;
Qui iustement puny deteste la iustice,
Au lieu de l'amoindrir augmente son suplice.
Ce n'est pas sans raison que vostre affection
Rencontre en moy l'obiect de son auersion.
Ce n'est pas sans raison que vostre esprit s'irrite,
Des faueurs que mon sort vole à vostre merite.
Et qui vous blasmeroit de hayr vn voleur,
Qui vous rauit des biens de si grande valeur.
Si vous ne croyez pas auoir receu d'offence
C'est par vostre bonté non par mon innocence;
Et comme il est certain que la prosperité
Nous porte d'ordinaire à la temerité;
Possible les faueurs animant mon caprice,
D'esclaue que ie suis, i'ay fait l'Imperatrice,
Et mon ambition a monstré sa fureur,
A celle dont l'Empire attend vn Empereur.
Ie ne le pense pas, mais si mon insolence
Vous portoit au dessein d'vne iuste vengeance;
Du moins souuenez-vous que mon esprit mal sein,
Vous despleût par foiblesse & non pas par dessein;
Et regles desormais la suite de ma vie.

CIRCASSE.

De si hautes faueurs surpassent mon enuie :
I'attens beaucoup de vous mais ie doy receuoir
Tout de vostre bonté, rien de vostre deuoir.
Au nom de l'amitié qui deteste la feinte,
Et pour vous, & pour moy, ne parlons plus de crainte.
Aymez moy seulement & receuez de moy,
Les protestations d'vne immortelle foy.

ROXELANE.

La crainte & les soupçons de qui i'estois la proye,
Laissent par ce discours mon ame dans la ioye.

CIRCASSE.

Que dans cet entretien i'ay trouué de douceur
Ma sœur iusqu'au reuoir.

ROXELANE.

Adieu ma chere sœur.

CIRCASSE *s'estant separée,*

De quelque faux appas que ton discours se farde
Ie suis bien resoluë à me donner de garde.

SCENE IIII.

ROXELANE.

IE vous croiray, Circasse, & vous et vostre fils
Vn iour vous vengerez le tort que ie vous fis.
Quand Mustafa montant au trosne de ses peres,
Fera son marchepied des cors morts de ses freres.
De ses freres, bon Dieu, qu'ay-ie dit! Ha ie meurs!
De ses freres ces mots couurent mes yeux de pleurs!
Le sang de Soliman par vn horrible crime,
Au sang de Soliman seruira de victime.
Et de mes chers enfans, le trespas ordonné,
Asseurera l'Estat d'vn frere couronné.
Tu le sçais, Roxelane, et ta voix trop humaine,
Traite encore de respect les objects de ta haine:
Reserue tes bontés pour vne autre saison
Employe à ton secours le fer et le poison;
Le feu s'il est besoin, & que ta rage assemble
En vn mesme cercueil, & mere, & fils ensemble.
L'ennemy qu'on preuient est demy combatu;
Mais d'vn assaßinat ie fais vne vertu,

Fuyons la cruauté qu'abhorre la nature :
Mais c'est vne vertu quand elle nous asseure.
Tremperois-ie mes mains dans le sang Othoman ?
Mes fils ne sont-ils pas du sang de Soliman ?
C'est épargner son sang si nous pouuons abatre
Mustafa dont la mort est le salut de quatre.
Mais quel crime de perdre vn homme de ce rang ?
Mais qu'elle impieté de negliger mon sang ?
La Iustice s'oppose au dessein qui m'anime,
Et la pieté veut que ie commette vn crime.
Iustice & pieté quoy vous vous trauerses ?
Donc à mon seul suiet vous vous desvnisses.
Iniuste pieté, iustice deffenduë,
Retiendrez-vous tousiours mon ame suspenduë ;
L'amour de mes enfans qui me parle pour eux
Me dit pers Mustafa, c'est vn crime pieux ;
Et Mustafa me dit, nous sommes tous d'vn pere ;
C'est hayr vos enfans que de perdre leur frere ;
Determinons pourtant mon esprit s'il se peut :
Quy viues Mustafa la iustice le veut :
Et sans l'interesser la pieté m'engage
A porter mes enfans à l'abry de l'orage :
Cherchons leurs seuretés & montons en des lieux
D'où Mustafa ne puisse aprocher que des yeux :
Et d'où quand nous voudrons lançant vn coup de foudre
S'il sort de son deuoir nous le mettions en poudre,
Faisons ce coup d'esprit qui nous mette en état
De pouuoir éuiter & faire vn attentat.

ACTE II.

SCENE PREMIERE.

SOLIMAN, ACMAT, LE MVFTI, ORMIN.

SOLIMAN.

NON non, ceste grandeur dont l'éclat m'enuironne,
Les surperbes Palais, le Sceptre, la Couronne,
Tant de peuples soumis, tant d'Estats surmontés,
N'ont que la moindre part en mes felicités.
Vn bien plus desirable & dont la iouyssance
Du sort capricieux ignore l'inconstance,
Que ie prens en moy-mesme, & qui dépend de moy
Seul établit ma gloire, & me fait viure en Roy.
Vn feu delicieux, vne diuine flame
Comble de tant de biens, & mon cors & mon ame,
Que l'Empire me plaist en cela seulement,
Que par luy ie possede vn tresor si charmant.
Loin d'en rougir, Acmat, ie veux que les histoires
Parlent de mon amour comme de mes victoires,
Que la posterité me nomme également

Prince

Prince victorieux & bien heureux amant.

ACMAT.

Seigneur ie sçay qu'en vain on offre le remede
A celuy qui se plaist au mal qui le possede,
Qu'on blesse d'vn amant l'imagination,
Lors que la verité combat sa paßion.
Toutesfois mon deuoir,

LE MVFTI.

Aprenez pour maxime
Que quiconque censure vn Roy commet vn crime,
Et que vous ne pouués sans vne impieté
Ni des Roys ny des Dieux choquer la volonté.

ACMAT.

Ie sçay bien que le trosne est vn lieu venerable
D'où ne peut rien sortir qui ne soit adorable,
Et que comme il est vray que les Roys sont des Dieux,
Leur voix est vn oracle arresté dans les Cieux.
Mais comme la pitié de l'humaine misere
Desarme bien souuent la celeste colere,
Ainsi quand vn Estat fait voir ses interests
Vn Prince peut & doit reuoquer ses Arrests
On ne contredit pas, on suplie on remonstre,
Apres vn sage Roy decide, ou pour, ou contre.

SOLIMAN.

Parlez parlez, Amat, j'écoute librement
Mon amour se soûmet à vostre sentiment,
Comme d'vn Potentat c'est le bon-heur suprême,
De ne point receuoir de loy que de soy mesme,
Ie sçay que son mal-heur est sans comparaison
Quand il ne cede point aux loix de la raison.

ACMAT.

Prince victorieux en qui le Ciel assemble
La bonté, la puissance, & la sagesse ensemble,
Veillant dans le repos, constant dans les dangers,
Aymé dans vos Etats, craint chés les étrangers,
Qui pour viure pour nous mourustes pour vous mesme
Dés lors que vostre front receut le Diademe.
Iusqu'icy par vos soins vostre Etat a gousté
Les parfaictes douceurs de la felicité,
Et pour luy procurer vn bien si desirable
Vous vous seriez rendu vous mesme miserable,
Sinon que vous mettés vostre souuerain bien
A manquer de repos pour asseurer le sien,
Si bien que vostre peuple à bon droit delibere
S'il vous doit appeller, son Seigneur, ou son pere:
Et des felicitez dont nous iouyssons tous,
La plus considerable est d'estre aymez de vous.

Quoy qu'indigne d'vn bien si grand si desirable,
Nous l'estimions pourtant autrefois plus durable;
Lors que lassé des soins & sorty des dangers
Vous vous diuertissiez aux plaisirs passagers,
Et que plusieurs beautez possedant vos pensees
Delassoient vostre esprit de ses peines passees:
Mais voyant à present qu'vne seule beauté
Retient en son amour vostre esprit arresté,
Qu'en luy communiquant l'autorité Royale
Vous vous affoiblissez pour la vous rendre égale.
Ce n'est pas sans raison que vostre peuple croit
Que pour luy vostre amour est deuenu plus froid,
Et que portant ailleurs les forces de vostre ame
Vous quittez son amour pour celuy d'vne femme.
Ie sçay bien qu'à nos Roys le Ciel nous a donnez,
Qu'à leurs contentemens nous sommes destinez,
Et que leur volonté fauorable ou contraire
Doit estre en leurs Etats vne loy necessaire:
Aussi quoy qu'il vous pleust determiner de nous
Nous plaindriōs nos malheurs, sās nous plaindre de vous,
Et si nostre interest seul animoit nos craintes
Nos respects sont trop grāds, pour vous faire des plaintes:
Mais ce trompeur amour, ce Demon suborneur
Qui s'emparant d'vn ame en exile l'honneur,
Duquel la tirannie insolemment vous braue
Vous faisant d'Empereur l'esclaue d'vn esclaue,
Ouy Seigneur cet amour qui vous tient enchanté
Donne ces sentimens à ma fidelité.

A tel point de mépris ce tiran vous engage
Que vos ennemis mesme en tirent auantage,
Et ceux qui ne pensoient qu'à parer à vos cous
Se trouuent en état de triomfer de vous.
Seroit-il vray, Seigneur, que vous dont la sagesse
A fait à la fortune auoüer sa foiblesse?
Vous dis-ie le vainqueur de tant de nations
Vous laissaßiez enfin vaincre à vos paßions?
Remettés vostre esprit, & que la renommée,
Qui vante les exploicts de vostre main armée,
Vante außi le pouuoir qu'aura vostre raison
A deliurer son ame, & rompre sa prison.
Ie sçay qu'en ce discours ie hazarde ma teste;
Mais, Seigneur, s'il vous plaist, la voila toute preste,
Ie mourray glorieux, & marqueray ma foy
Ne pouuant pas suruiure à l'honneur de mon Roy.

SOLIMAN.

Vous m'obligez, Acmat, bien loin de me déplaire,
Mais vous parlez des Roys, ainsi que du vulgaire,
S'il est vray qu'ils sont Dieux, leur suprême pouuoir
Par l'esprit d'vn mortel ne se peut conceuoir.
Sçachez que leur puissance est comme la lumiere
Au Soleil qui la donne elle demeure entiere;
Et bien que Roxelane ait part en ma grandeur
Croyez-vous que ma gloire en perde sa splendeur.
Au contraire par là forçant les destinées,

Ie veux que mon renom triomfe des années,
Que ces Roys ennemis ſçachent, qu'au deſſus d'eux
Ie puis en vn moment éleuer qui ie veux,
Et que de la grandeur les veritables marques
Sont de mettre vn eſclaue au deſſus des Monarques.
Mais la gloire empruntée a beſoin d'vn apuy,
Et qui fait vn puiſſant eſt plus puiſſant que luy.
Pour mon peuple ie l'aime, & l'amour d'vne femme
N'effacera iamais l'amitié de mon ame.
I'ayme differemment deux obiects tour à tour,
Mon peuple d'amitié, Roxelane d'amour.

ACMAT.

L'amour eſt l'ennemy que l'amitié doit craindre,

SOLIMAN.

Ie ſuis ſon protecteur il ne la peut étaindre,
Arbitre du deſtin de mille nations
Ie puis bien accorder deux foibles paßions.

ACMAT.

Il eſt vray que l'amour eſt foible en ſa naiſſance,
Mais außi toſt qu'vn cœur deffere à ſa puiſſance,
Il y regne en tyran, & iamais il n'en ſort
Que par vn grand bon-heur ou par vn grand effort.

SOLIMAN.

Quoy qu'il en soit, Acmat, pardonne moy si i'ayme,

ACMAT.

Vous vous offencés seul pardonnés vous vous mesme.

SOLIMAN.

Acmat, vostre rigueur me presse en vn haut point:
Mais puisque mes raisons ne vous satisfont point
Apellés Roxelane afin que sa presence
Bien mieux que mon discours parle pour sa deffence.

ACMAT.

Ie me soumets, Seigneur.

SOLIMAN.

Allez, Ormin, allez,
Et ne luy dites pas pourquoy vous l'appellez.

ORMIN.

Incontinent Seigneur.

ACMAT.

Ma raison condamnée
Abandonne à ce mot le titre d'obstinée.
Ie me soûmets, Seigneur, & suis prest deuant vous
D'adorer, s'il vous plaist, Roxelane à genoux:
Si pour mieux luy donner le rang de souueraine
Il vous plaist l'épouser en qualité de Reyne.

SOLIMAN.

Ce discours me surprend mais ne presumes pas
Que iamais Soliman ait le cœur assez bas.
Ie sçay garder mon rang & mon amour ensemble,

ACMAT.

Vostre rang & l'amour n'ont rien qui se ressemble.

SOLIMAN.

L'amour que ie luy porte est à condition,
Qu'elle sera modeste en son ambition.

ACMAT.

Combien que vostre rang ne luy deust rien permettre:
L'amour de vos enfans semble tout luy promettre.

SOLIMAN.

Ie les ayme il est vray, mais i'ayme plus les lois
Qui sont les vrais enfans des legitimes Rois.
Ie veux par mes respects pour les lois anciennes
Obliger l'auenir à respecter les miennes.
Enfin ie sçay garder inuiolablement
Les lois que Bajazet laissa par testament.

LE MVFTI.

Ie m'estonne, Seigneur, de vostre patience,
Et c'est ce qui m'oblige à rompre le silence.
Ie ne puis plus soufrir qu'vn suiect deuant moy,
Censure sans raison les plaisirs de son Roy.
Les deffaux dont Acmat accuze vostre vie
Sentant quelque interest ou bien vn peu d'enuie,
Eloigné du commerce & du bruit de la Cour
Ie suis bien ignorant en matiere d'amour:
Mais la condition d'vn Empereur est pire
Que du moindre suiect qui soit en son Empire,
S'il est vray qu'aux grands Roys il ne soit pas permis
Ainsi qu'à leurs suiets d'acquerir des amis.
Donc, Acmat, l'amitié ceste vertu loüable
Est pour eux seulement, vn crime condamnable.
Sortez, sortez, Acmat, de ceste absurdité
Qui vous conuainc d'erreur ou d'infidelité.

ACMAT.

Pere ne croyés pas que iamais je conteste
Que l'amitié ne soit vne vertu celeste :
Mais les grands Rois seroient égaux à leurs subjets
Si leur amour n'auoit de plus nobles objets.
Aymer en general ses peuples, ses Prouinces
Et ses confederés, c'est l'amitié des Princes.
Pour viure heureusement chaque particulier,
Se peut bien faire vn font d'vn amy singulier :
Mais les Rois sont publics, & les ames royales
Se doiuent procurer des amitiés égales.

LE MVFTI.

L'Empereur a donc tort de vous auoir porté
De la fange aux grandeurs où vous estes monté.

ACMAT.

Vn Roy recompensant ceux qui luy font seruice
N'ayme pas pour cela, mais il rend la iustice.

SOLIMAN.

Mais, Acmat, Roxelane adresse icy ses pas.

ACMAT.

Seigneur ie me ſoûmets, & mets les armes bas.

SOLIMAN.

Qu'elle ne ſache rien de ceſte conference.

SCENE II.

SOLIMAN, ROXELANE, LE MVFTI, ACMAT, ORMIN.

SOLIMAN.

ENſin vous me rendés ceſte aymable preſence.

ROXELANE.

Mon ame deſtinée à vos contentements,
Seigneur, ſe vient ſoûmettre à vos commandements.

SOLIMAN.

Voſtre ame conſeruant cet ennuy qui l'oppreſſe,
Ne ſe peut dire à moy mais bien à la triſteſſe.

ROXELANE.

La nature, Seigneur, a de puissantes lois
Que ne peuuent forcer ny le sort ny les Rois,
Ell' a voulu regler mes humeurs, mais en sorte
Que la melancolie est touiours la plus forte,
Et malgré vos faueurs & malgré la raison
Mon cœur ensorcelé conserue ce poison.

SOLIMAN.

Par la nature à tort vous vous dites contrainte
Toute tristesse vient de desir ou de crainte:
Mais quel mal tant à craindre a pû vous alterer
Où quel si rare bien vous deffend d'esperer.
Ne sçauez-vous pas bien qu'en l'estat ou vous estes
Vous voyez sous vos pieds l'orage & les tempestes,
Que vostre esprit ne peut se former des souhais
Que bien-tost mon amour ne change en des effais.
Découurez vostre mal, sçachés si ie vous ayme,
Demandés, ordonnés, executés vous mesme.
Vous ne deuez rien craindre & pouuez tout ozer,
Qui laschement demande enseigne à refuzer.

ROXELANE.

Seigneur, si la raison n'estoit pas affoiblie
Quand le sang est vaincu par la melancholie,

Le rang dont vostre amour a voulu m'honorer
Me tiendroit en état de ne rien desirer ;
Mais, Seigneur, c'est en quoy ie me plains de moy-mesme
Les pompes de la Cour ny ce degré supréme,
Ny l'heur que ie reçoy de vostre affection
N'ont iamais mis ma ioye à sa perfection.
Tousiours à mes plaisirs ie ne sçay quoy s'oppose
Dont ma foible raison ne peut trouuer la cause;
Si ce n'est que la terre auec tous ses tresors,
A des contentemens seulement pour le cors;
Et que l'esprit crée pour des dezirs celestes
Hors son centre ne voit que des objects funestes.
C'est ce qui me rend triste & ce raisonnement
Me semble reprocher mon peu de iugement
D'auoir donné mon cœur à des biens perissables,
Qui pouuoit acquerir des tresors plus durables
D'auoir creu rencontrer de vrais biens en ces lieux,
Et d'auoir plus aymé la terre que les cieux;
C'est pourquoy desormais ma raison mieux instruite
Si vous le permettez veut changer sa conduite,
Et ioindre aux soins de plaire à vostre Maiesté,
Les soins de plaire encore à la diuinité,
Et si vostre bonté m'en donne la licence,
Ie feray pour le Ciel quelqu'utile dépence:
Mais qui demande trop est digne de refus
Ie n'oze m'expliquer.

SOLIMAN.

Vous me rendés confus,
Et ce discours accuze où vous d'outrecuidance,
Ou moy de peu d'amour, ou de peu de puissance:
Que Roxelane enfin peut-elle demander?
Que Soliman ne veuille ou ne puisse accorder?
Hors que vous demandiez mon honneur ou ma vie
Mon amour peut & veut contenter vostre enuie.
Que demandez-vous donc? vn Royaume.

ROXELANE.

Ha! bien moins,
Ie limite Seigneur, & mes vœux & mes soins,
Et c'est à mes souhaits vn effect assez ample
Que la permission d'edifier vn temple,
De faire vn hospital, de dresser des autels,
Ou l'on puisse en mon nom seruir les immortels.
C'est tout ce que ie veux.

SOLIMAN.

Ha la foiblesse extréme
Femme simple ou plustost la simplicité méme
C'est trop peu demander d'vn Prince genereux,
Et principalement lors qu'il est amoureux.

Mais puiſque voſtre humeur à ce dézir vous porte,
Quoy qu'indigne de moy vous l'obtiendrez, n'importe
Pere, tout à propos vous vous trouuez icy
C'eſt vn œuure pieux prenés-en le ſoucy
Que ce temple ſoit tel que l'art & la nature
Diſputent de l'honneur de ſon architecture,
Que l'art perfectionne, & preſente à nos yeux
Tout ce que la nature a de plus precieux,
Enfin i'y veux grauer pour la gloire Othomane
Ce que peut Soliman, ce que vaut Roxelane
Mais qu'on depeſche toſt.

LE MVFTI.

Seigneur, c'eſt vn deſſein
Qui ne peut étre entré dans vn eſprit bien ſain
En faueur d'vn eſclaue edifier vn temple ?
C'eſt choſe ſans raiſon ainſi que ſans exemple.

SOLIMAN.

Pourquoy ?

LE MVFTI.

C'eſt qu'vn eſclaue eſt dépendant d'autruy
Et quoy qu'il puiſſe faire il ne fait rien pour luy
Le ſeruice diuin en rien ne luy profite

Son Maistre seul en a la grace & le merite.
Et bien que Roxelane ait la faueur d'vn Roy
Elle est tousiours esclaue, & ne peut rien de soy.

SOLIMAN.

Pere vous iugés donc sa demande inciuille.

LE MVFTI.

Inciuille non pas, mais elle est inutile.

SOLIMAN.

Pouuons-nous point leuer ceste difficulté?

LE MVFTI.

Ie n'en sçay qu'vn moyen.

SOLIMAN.

Quel?

LE MVFTI.

C'est sa liberté.
Vous pouuez s'il vous plaist finir son esclauage
Et la faire iouyr des fruits de son ouurage.

SOLIMAN.

Soit fait, en sa faueur, & pour sa liberté
Ie renonce à mes droits de souueraineté.

ROXELANE.

Que dites vous Seigneur? moy sortir de seruage?
Dans ceste liberté ie trouue mon dommage.
Par là vous me priuez de mon plus grand bon-heur.
Puis que ma seruitude établit mon honneur,
Que je tiens mes grandeurs, que ie reçoy mon lustre
De ces fers glorieux de ce seruage illustre.
Non, non, ie n'en sorts point non ie suis à mon Roy.

SOLIMAN.

Non, non vous étes libre, & n'estes plus à moy.

ROXELANE.

Puis que de mon Seigneur la volonté l'ordonne,
Qu'il me donne à moy-mesme; à luy ie me redonne,
Et ie ne veux de luy que cette liberté
C'est de finir ma vie en ma captiuité.

SOLIMAN.

SOLIMAN.

Moy ie ne veux de vous que ceste obeissance,
C'est que vous viuiez libre & hors de ma puissance.
Quoy que vous puissiez dire, en vain vous contestés.

ROXELANE.

A ce mot ie reçoy vos liberalités.

SOLIMAN.

Pere depeschés-tost de bastir cet ouurage
Qui soit de ma grandeur la veritable image.
Qu'elle choisisse vn lieu, vous, Acmat, suiuez moy,
Vn grand dessein que i'ay demande vostre employ.

SCENE III.

ROXELANE, LE MVFTI.

ROXELANE.

IVsqu'icy la fortune à nos vœux exorable
Promet à nos desseins vn succez fauorable.
Pere ? que dites-vous de ce commencement

LE MVFTI.

Quoy que beau je redoute encor l'euenement.

ROXELANE.

Le sort ne m'auroit pas monstré si bon visage
Pour ne pas garantir ma barque du naufrage.

LE MVFTI.

Craignez son inconstance & jusques dans le port
S'il n'estoit inconstant, il ne seroit pas sort.

ROXELANE.

Ie croy qu'il est pour moy, sa premiere assistance
D'vn succez bien-heureux me permet l'esperance.
Ie vous l'auois bien dit que tous les immortels
Vouloient pour me seruir employer leurs autels.
Ne m'ont-il pas presté leur temple, & cet azile?
M'a-t'il pas faict trouuer ma liberté facile?
Liberté qui me rend égale à Soliman
Dans la possession de l'Empire Othoman,
Et porte ma fortune au comble de la gloire,

LE MVFTI.

Mais deuant qu'il soit temps vous chantés la victoire,
Esperés, mais craignés, entrant dans vn combat
Dont la fin vous éleue, ou du tout vous abat
Qui vous portant au trosne, ou dans le precipice
Vous donne sans milieu la gloire, ou le suplice.
Qui par force ou par art veut vn trosne acquerir.
Doit estre resolu de vaincre ou de mourir.
Qu'il attende, en quittant l'espoir de la retraite
Où le succez entier ou l'entiere deffaite.
Pourtant quelque grand mal qui vous puisse auenir
Ayant bien commencé tasches à mieux finir.
L'occasion s'offrant ne manques à la prendre.

ROXELANE.

Elle n'est pas bien loin, il ne faut que l'attendre:
Mais mon cher confident ne m'abandonnés pas

LE MVFTI.

Ie ne vous quitte point mesme dans le trespas.

ACTE III.

SCENE PREMIERE.

SOLIMAN, RVSTAN, LE PAGE, ORMIN, OSMAN.

SOLIMAN.

NOn ie ne vous croy pas, Roxelane est trop sage,
Page, pensez à vous ce discours vous engage.

LE PAGE.

Ie ne m'en dedis point, Seigneur, elle l'a dit

SOLIMAN.

Presque d'étonnement ie demeure interdit
En quels termes?

LE PAGE.

Seigneur, i'ay dit à ceste belle
Que vous veniez passer ceste nuit auec elle,
Qu'elle se preparast à vous bien receuoir,
Et selon sa coustume, & selon son deuoir
Elle m'a répondu, mon enfant ie m'étonne
De la commißion que l'Empereur vous donne.
Dites-luy que luy mesme il m'a donné la loy,
Que l'amour desormais est vn crime pour moy.

SOLIMAN.

Donc à mes volontez Roxelane est rebelle
Quoy? l'amour desormais est vn crime pour elle?
Soit puisque ses mespris m'imposent cette loy
Que l'amour desormais soit vn crime pour moy.
Que iamais son obiect ne rentre en ma pensee,
Que pour me reprocher ma foiblesse passee,
Qu'en bannissant l'amour ie loge dans mon cœur
La detestation & la hayne & l'horreur,
Et de quelques appas que ce trompeur separe
Qu'il ne rencontre en moy que l'ame d'vn barbare,

Qu'il n'y reuienne plus c'est vn point resolu,
Ie reprens sur moy mesme vn pouuoir absolu.
Mais que dis-ie? vn esclaue, vn obiect de misere,
Vn ver de terre, vn rien me peut mettre en colere
Comme l'amour, la hayne est indigne de moy
Toutes les passions sont indignes d'vn Roy.
Ormin, pour asseurer le repos de mon ame
Et pour mieux étoufer le reste de ma flame
Ie veux que de ce pas on aille oster le iour
A l'ingrate autresfois l'obiect de mon amour
Aportez moy sa teste ou m'enuoyez la vostre.

ORMIN.

Qu'il vous plaize Seigneur vous seruir de quelque autre,
Où differés vn peu.

SOLIMAN.

Comment vous contester.

ORMIN.

Non, Seigneur, i'obey.

SOLIMAN.

Toutesfois arrestés
Ie la puniray mieux.

RVSTAN.

Seigneur, qu'il vous souuienne
Que vous m'auez donné vostre fille & la sienne
Que par vostre bonté ie posſede le bien
De me pouuoir nommer vostre gendre & le sien.
Au nom de vostre fille et de la sienne ensemble,
De vos communs enfans, ou vostre sang s'assemble,
Ne precipitez pas l'effect d'vn iugement
Qui vous pourroit causer du mécontentement,
Et ne destruisés pas sur le rapport d'vn page
De nature & du Ciel vn si parfait ouurage.
O Seigneur entendez sa deffence ou du moins
Auant que de iuger ayés d'autres tesmoins
On garde quelque forme aux crimes plus énormes.

SOLIMAN.

Au procez d'vn rebelle il ne faut point de formes.

RVSTAN.

Non, lors que trop puissant il fait trembler l'Etat
Il ne faut point attendre vn second attentat:
Mais la fragilité de son sexe l'excuse,
De la rebellion de laquelle on l'accuse.
Du moins auparauant que de vous émouuoir,

Seigneur, permettez-moy que ie la puisse voir.
Ie reuiens aussi-tost & ie la vous ameine
Pour receuoir la grace où receuoir la peine.

SOLIMAN.

Allez, & qu'aussi-tost ie vous reuoye icy
De sa rebellion ie veux estre éclaircy.

SCENE II.

ACMAT, CIRCASSE.

ACMAT.

IE ne puis rien comprendre en ceste procedure ;
Mais touiours ie preuoy quelque grande auanture.
Cet esprit qui deuant brusloit d'ambition,
Changer en vn moment de resolution.
Par vne humilité veritable où masquée
Arrester sa fortune à faire vne mosquée
Et d'vn visage peint d'vne graue froideur
Mépriser pour le Ciel la mortelle grandeur ;
Ie n'entens point cela.

CIRCASSE.

CIRCASSE.

C'est qu'elle desespere
De voir monter ses fils au trosne de leur pere
Connoissant que le mien par sa rare valleur
Asseure sa fortune & ruinera la leur
Si bien que hors d'espoir du Royal diadéme,
Poßible elle a paßé de l'vn à l'autre extreme:
Et la crainte qu'elle a l'oblige de ceder,
Et de quitter vn rang qu'elle ne peut garder.

AGMAT.

Ie connois cet esprit incapable de crainte;
Ie la croirois plustost trés-capable de feinte:
Et ce qui le fait croire est ceste liberté,
Où i'ay veu que tendoit sa feinte pieté,
Liberté dont ie crains quelque sourde menée.

CIRCASSE.

Ie croy que c'est par là qu'elle s'est ruinée
Pour viure en femme libre & qui dépend de soy
Il faut quitter le Louure & s'éloigner du Roy
Et cet éloignement peut causer sa disgrace
Et mettre ma fortune en sa premiere place.
Qui s'éloigne des grands entend mal la faueur
S'éloignant de l'oreille on s'éloigne du cœur.

ACMAT.

La faueur & l'amour ont ceste difference,
Que l'vn croist par la veuë, & l'autre par l'absence;
Moins l'Empereur la voit, plus il en est charmé
Moins elle a de chaleur, plus il est enflammé
Bref nous deuons tirer de ceste procedure,
De quelque grand dessein, vn infaillible augure,
Mais nostre confident à grands pas vient à nous.

SCENE III.

ACMAT, CIRCASSE, OSMAN.

CIRCASSE.

HE bien mon cher Osman, que nous apportés-vous?

OSMAN.

Tout succede à vos veux, la fortune se change
Et de vostre parti fauorable se range,

CIRCASSE.

Comment?

OSMAN.

Vostre riualle est mal auec le Roy.

CIRCASSE.

Agreable nouuelle, ô dieux ! aßistez-moy :
Augmentant ces rigueurs vous augmentez ma joye.
Mais, Osman est-il vray, faut-il que je le croye.
Qui te l'a dit?

OSMAN.

Personne.

CIRCASSE.

Et comment l'as-tu sceu?

OSMAN.

Ie l'ay sceu de mes yeux moy-mesme je l'ay veu;
Et pour vous dire plus, j'ay presque veu sa teste
Succomber sous les coups d'vne horrible tempeste :
L'Empereur luy faisoit vn fort mauuais party,

Si son gendre Rustan ne l'en eust diuerty
Diuerty pour vn temps, car la colere dure
Ou plustost elle augmente?

CIRCASSE.

Agreable auanture!
Que ferons-nous Acmat?

ACMAT.

Alons voir l'Empereur
Allons l'entretenir de hayne & de fureur
Et quelque trahison que Roxelane brasse
Empeschons s'il se peut qu'elle ne rentre en grace.

CIRCASSE.

Ie crains que ce dessein ne nous fasse perir,

ACMAT.

Il vaut mieux hazarder qu'asseurément mourir.
De ce seul coup depend ou sa perte ou la vostre,
La ruine de l'vne est le salut de l'autre.

CIRCASSE.

Allons mon cher Acmat que ce bien-heureux iour,
Me fasse posseder mon Prince & son amour.

SCENE IV.

ROXELANE.

STANCES.

Combien je souffre de trauerses,
Combien de passions diuerses
Tiennent mon esprit en suspens.
Mon ame agit contre elle mesme,
Ie veux, ie crains, i'espere, i'ayme,
Ie desire, ie me repens.
Raison, ambition, amour, crainte, esperance,
Qui m'éleuez si haut, qui m'abaissez si bas,
Qui de vous a le plus, ou le moins de puissance,
A qui suis-je de vous, à qui ne suis-je pas?

Ie sens ma volonté contrainte,
Ma raison oppose ma crainte
Au cours de mon ambition;
Et l'esperance qui me flatte
Des grandeurs dont vn trosne éclate
Releue ma presomption.

Mais le peril est grand : mais ne suis-je pas mere?
Mourant pour mes enfans je fay ce que je doy,
C'est pour moy que je crains, c'est pour eux que i'espere,
Mais ceste crainte est lasche, espoir je suis à toy.

Toutesfois en ceste tempeste
Où mettray-je à couuert ma teste
Sinon sous tes mortes amours?
Voy mon Roy parle en ma deffence,
Ta lente, ou ta prompte aßistance.
M'oste ou me redonne le jour
Mais j'ay tort, ie t'inuoque & ie te suis contraire,
Ie te bannis de moy pour auoir ta faueur,
Pour espouzer mon Roy, je le mets en colere,
Et ie veux par sa hayne entrer dedans son cœur.

Mais c'est en vain que ie hesite,
La retraitte m'est interdite,
Il n'est plus d'azile pour moy.
La faute est faite il faut poursuiure,
Et je cesse aujourd'huy de viure,
Où i'epouze aujourd'huy mon Roy:
Qu'importe de mourir de la fieure ou du foudre?
De mourir par effort ou naturellement?
Celuy qu'vn beau dessein par malheur met en poudre
Quand il meurt genereux vit eternellement.

Mais l'alarme est au cap, Rustan est hors d'haleine
Et ma fille est en pleurs.

SCENE V.

ROXELANE, RVSTAN, CHAMERIE.

ROXELANE.

RVstan qui vous amene?

RVSTAN.

Madame vostre mort.

ROXELANE.

Hé bien il faut mourir!
Qui me la vient donner ie suis preste à souffrir
Ie veux tout ce que veut la puissance absoluë.

RVSTAN.

Madame, elle n'est pas encore resoluë,
Mais appaisez le Prince où bien c'est faict de vous.

ROXELANE.

Mais quel crime Rustan, le peut mettre en courroux?

RVSTAN.

Auriez-vous bien tenu le discours qui l'anime?

ROXELANE.

Quel discours?

RVSTAN.

Que pour vous son amour fust vn crime?

ROXELANE.

Oüy ie l'ay dit Rustan, & ne m'en repens pas.

CHAMERIE.

O Dieu tout est perdu! vous courez au trespas.

RVSTAN.

Vous courez donc, Madame, à vostre mort certaine,
Donc à l'amour du Roy vous preferez sa haine?
Qu'elle fausse apparence a charmé vos esprits?
Ou quel deffaut du Roy vous porte à ce mepris?
Quoy? ce Prince où plustost ce heros adorable
Aymé de tout le monde, autant qu'il est aymable
Pour vous auoir portée aux suprémes grandeurs,

Et

Et pour vous trop aymer n'aura que vos froideurs !
Voulez-vous vous noircir de ceste ingratitude !
Aprehendez enfin vn traitement plus rude.
Et croyez que l'amour qui vous a fait monter
S'il se change en fureur vous va precipiter.

ROXELANE.

Quiconque sçait bannir la crainte & l'esperance
Des plus cruels tirans desarme la puissance,
La mort estant à tous vne commune loy
Ne me déplaira point me venant de mon Roy.

CHAMERIE.

Mais, Madame, qu'a fait vostre cors à vostre ame
Pour vouloir la quitter par vne mort infame.

ROXELANE.

Tous les genres de mort frappent également,
La cause en établit la honte seulement.
La bonne conscience a toujours la victoire,
Au milieu des tourmens elle augmente sa gloire,
Et contre vn innocent le suplice ordonné
Noircit le condamnant, & non le condamné.
L'iniustice est toujours à son auteur contraire,
Quoy qu'on die, il vaut mieux la soufrir que la faire.

RVSTAN.

Ne vous y trompez pas, les Roys n'ont iamais tort,
Quiconque leur déplaist a merité la mort.
Leur colere, iamais n'est cruë illegitime,
Et leur opinion fait & deffait le crime.

ROXELANE.

Ouy bien chez les tirans & non pas chez les Roys.

RVSTAN.

Les Roys quand il leur plaist se dispensent des loys.

ROXELANE.

Ils doiuent comme Dieux tenir droict la balance.

RVSTAN.

Ils sont Dieux en pouuoir, hommes en connoiss.
Qui par leurs interests & par leurs passions,
Ordonnent à leur gré dessus nos actions.

ROXELANE.

Soliman est trop iuste.

RVSTAN.

Il est trop en colere.

ROXELANE.

Mais si c'est sans sujet?

RVSTAN.

Mais s'il croit le contraire?

ROXELANE.

Mais cette opinion ne dépend pas de moy.

RVSTAN.

Croyez-vous qu'vn mespris n'offence pas vn Roy,

ROXELANE.

Moy mépriser mon Roy?

RVSTAN.

Vous persistés encore
En refusant d'aymer vn Roy qui vous adore.

ROXELANE.

Ce n'est point par mespris, luy mesme l'a voulu
Il me l'a commandé de pouuoir absolu.

RVSTAN.

Il vous l'a commandé? que dites vous, Madame?
Qu'elle confusion me iettés vous en l'ame?
Il vous l'a commandé? qui croiray-ie des deux?
Mais ce discours combat mon oreille & mes yeux
Apres ce que i'ay vû je ne vous sçaurois croire.

ROXELANE.

Il me l'a commandé i'atteste sa memoire.

RVSTAN.

Voyez-le.

ROXELANE.

Ie ne puis

RVSTAN.

Vous voulez donc mourir.

ROXELANE.

Si le destin le veut, Rustan, il faut perir.

RVSTAN.

Vous le voulez vous mesme & non la destinée.

ROXELANE.

Sans son ordre ma mort ne peut estre ordonnée.

CHAMERIE.

Par vos discours on voit que vous vous haïssez
Mais si vos interests ne vous touchent assez,
Pour vos fils & pour moy conseruez vostre vie
La pieté, le sang, l'honneur vous y conuie.

ROXELANE.

Ma fille differez de respandre ces pleurs
Poßible que le tems calmera vos douleurs.

CHAMERIE.

O Ciel! en quel estat ie me treuue reduite
D'vn tel commencement qui ne craindroit la suite

En moy tout eſt en trouble, & iuſques dans mon
Ie ſens en deux partis ſe diuiſer mon ſang;
Ces contraires partis ſe combattent l'vn l'autre
Le ſang que i'ay du Roy ſemble choquer le voſtre.
Iugés quel eſt le ſort de vos fils & le mien
Si chacun de vous deux veut reprendre le ſien
N'eſt-il pas bien étrange & croyez-vous qu'vn pere
Puiſſe aymer les enfans dont il haït la mere.
Si vous nous aymez tous allez voir l'Empereur
Vous pouuez d'vn regard deſarmer ſa fureur.

ROXELANE.

Ma fille aſſeurez-vous que dedans la mort meſme,
Ie vous feray paroiſtre à quel point ie vous ayme.

CHAMERIE.

Mais que voy-ie, Madame, helas c'eſt fait de vous
Nous ſommes tous perdus bons Dieux aſſiſtez nous.
Ormin ne va iamais auec cét equipage
Que pour executer les decrets de la rage.

ROXELANE.

Conſolez-vous ce mal ne s'adreſſe qu'à moy.

SCENE VI.

ROXELANE, RVSTAN, CHAMERIE, ORMIN, auec deux Ianissaires.

ROXELANE.

HE bien faut-il mourir; que vous a dit le Roy?
Vous a-t'il commandé de luy porter ma teste?
Si c'est sa volonté la voila toute preste,

ORMIN.

L'ordre d'executer vn si cruel decret
Laisseroit en mon ame vn éternel regret.
Mais, Madame, il est vray que son impatience
Ne peut plus sans sa mort supporter vostre absence
Il nous a commandé de vous saisir, pour moy:
Ie me soûmets à vous.

ROXELANE.

Non, non seruez le Roy.

ORMIN.

L'affection des Roys imprime vn caractere,

Qui ne s'efface point pour vn coup de colere;
Et ce n'est pas seruir, que seruir promptement
Vn Prince qui s'emporte au premier mouuement:
Combien que vos mal-heurs vous trament des disgraces
De l'amour de mon Prince en vous ie voy des traces
Qui veulent mes respects en sorte que ie croy
Que lors que ie vous sers, ie sers aussi le Roy.

ROXELANE.

Non, non, seruez le Roy.

RVSTAN.

Que d'effroy, que d'alarme.

ROXELANE.

Allons.

CHAMERIE.

Que ce départ me va couster de larmes.

ORMIN.

La colère du Roy me fait craindre pour vous.

ROXELANE.

Il luy faut obeyr, mesme dans son courrous.

ACTE IV.

ACTE IV.

SCENE PREMIERE.

SOLIMAN.

STANCES.

TRaistre demon des vanités
Qui promets des felicités
Et ne donne que des miseres.
Trosne, couronne, éclat trompeur
Est-il quelqu'vn heureux esclaue des coleres,
Des grandeurs, de l'amour, de l'espoir, de la peur.
Que n'apelle t'on l'homme animal miserable
Plustost que raisonnable
Allés flatteurs des Rois qui les appellez Dieux
I'épronue en mon sort déplorable
Qu'il n'est point de Dieu hors les Cieux.

En vain ie n'ay plus d'ennemis
En vain tout l'vniuers soumis

Ayme & craint ensemble mes armes
Puisque chez moy mes passions
Me causent plus de mal, me donnent plus d'alarmes
Que la rebellion de mille nations
Sous le fais des ennuis à peine ie respire
Et dedans mon martire
La hayne arme mon cœur, l'amour retient mon bras
Et tour à tour me viennent dire
Vange toy, ne te vange pas.

Mais suis-ie encor ce Soliman
Que dedans l'Empire Othoman
La fortune soumise adore
Ma vertu signalons ce iour
La fortune est vaincuë il faut combatre encore
Auec pareil succez & la hayne & l'amour.
Mais passe plus auant & laisse à la memoire
Pour comble de ma gl[illegible]
Que puisque en l'vniue[illegible] il ne m'est point resté
Sur qui r'emporter de victoire
Ie me suis moy-mesme domté.

Mais elle a mesprisé son Roy
Suiuons la rigueur de la loy
La Iustice & non la clemence
Soyons plus iuste & moins doux
Punissons pour l'exemple & non pour la vangeance
Non pour nostre interest mais pour celuy de tous.

Mais punir Roxelane? Helas ce nom me laisse
Encore de la tendresse
Pardonnons luy plustost mais c'est trop combatu
La clemence est vne foiblesse,
Et la rigueur vne vertu.
Mais ne la iugeons pas sans ouyr sa deffence
Ormin, Osman, quelqu'vn à moy, que l'on s'auance.

SCENE II.

SOLIMAN, CIRCASSE, ORMIN, OSMAN.

CIRCASSE.

SEigneur que vous plaist-il.

SOLIMAN.

Ormin ie parle à vous,
Amenez Roxelane.

CIRCASSE.

O Dieux que ferons nous!
La paix est bien prochaine alors qu'on parlemente,

ORMIN.

Dans vn moment Seigneur, ie la vous rends presente.

CIRCASSE.

Sa presence, Seigneur, est si plaine d'appas
Qu'il faut luy pardonner ou bien ne la voir pas.
Qu'elle rigueur pourroit se deffendre des charmes
De la langue, des yeux, des soupirs, & des larmes.
Dont elle sçait l'vsage auec vn tel effaict
Qu'vn coup d'œil peut guerir tout le mal qu'elle a fait.
Et ne la tenez plus coupable d'insolence,
Dites qu'elle vse encor trop bien de sa puissance,
Qu'elle peut d'vn clin d'œil renuerser l'vniuers
Puis qu'elle en tient ainsi le vaincœur en ses fers.
Ainsi, Seigneur, ainsi ceux qui vous sont fidelles
Ne sont pas mieux traitez que ceux qui sont rebelles.
Ainsi mon fils pourtant l'ayné de Soliman
Que le Ciel destinoit pour l'Empire Othoman.
Est banny de la Cour durant que Roxelane
Asseure pour les siens la puissance Othomane.
Mais Seigneur, faites mieux faites vn coup d'amy,
N'aymer que iustement c'est n'aymer qu'à demy.
Vous signalerez mieux sa grace par deux crimes,
De Mustafa, de moy, faites luy deux victimes.
Et que nos deux cors mors l'vn sur l'autre égorgés,

Portent à leurs essais ces desseins enragés.
Montrez, Seigneur, montrez en dépoüillant la feinte
Pour elle plus d'amour pour nous moins de contrainte.
Condamnez à la mort deux obiects odieux.
Deliurez-en la Cour, deliurez-en ses yeux.

SOLIMAN.

Circasse, depuis quand cette humeur vous tient elle?

CIRCASSE.

Depuis que vous portez le party d'vn rebelle.

SOLIMAN.

Et pour vous & pour moy iugez plus sainement
Vous me verrez son iuge, & non pas son amant
Mais voicy nostre ingrate.

SCENE III.

SOLIMAN, ROXELANE, CIRCASSE, ORMIN, OSMAN.

SOLIMAN.

HE bien belle Princesse !
Ma faueur vous offence & mon amour vous blesse
N'est-il pas vray.

ROXELANE.

Seigneur, ie ne contredis pas,
Ie suis preste à signer l'Arrest de mon trespas.
Ie n'examine point innocente ou coupable
Ie déplais à mon Roy ie suis trop punissable
Preparez des tourmens, s'il se peut mille mors
Mon ame auec plaisir verra soufrir mon cors
Et bien que ma deffence eust vn droit legitime
Si ie le proposois ie croirois faire vn crime.
Ie ne me deffens point contre vostre courrous

Ie doy plus de respect à ce qui vient de vous
Que tardez vous, Seigneur?

SOLIMAN.

Qu'elle erreur vous transporte
En me connoissant mieux iugez d'vne autre sorte
Ie suis Roy, non tiran, iuste, non violent,
Ie suis prompt à remettre, a punir ie suis lent.
Ie regne par les loix plus que par la couronne,
Ie hay le crime seul, & non pas la personne.
Mais poßible adioustant la haine à vos mespris
Vous voulez l'imprimer dans les autres espris.
Vous voulez qu'on publie en cet Empire auguste
Qu'auiourd'huy Soliman a cessé d'estre iuste
Puisqu'il a condamné sans auoir entendu
Et sans auoir souffert qu'on se soit deffendu.
Voyez iusqu'à quel point se monte vostre enuie
Pour me perdre d'honneur vous perdez vostre vie
C'est bien loin du respect que vous dites auoir,
Mais si vous en auiez vous me le feriez voir.
Et vous me seruiriez en vous seruant vous mesme
Ostant ce que je hay d'auecques ce que i'ayme.
C'est vostre crime seul qui me déplaist en vous
Si ie n'en trouue point ie n'ay point de courrous.
Ie poursuy vostre crime & i'en veux la vengeance
Mais ie serois rauy de voir vostre innocence.
Et c'est le plus grand mal qui me puisse auenir,

Si le crime prouué m'oblige à vous punir

ROXELANE.

Prince de vos ſuiects le Seigneur & le pere
Qui iugeant ſans rigueur puniſſez ſans colere.
Ne vous étonnez pas d'ouyr mon deſeſpoir
Parler contre ma vie & trahir mon deuoir.
Lors que vous connoiſtrez les maus où m'ont reduite
Mon foible iugement ma mauuaiſe conduite,
Ie ſçay que vous laiſſant toucher à ma douleur
Vous direz que ma vie eſt mon dernier mal-heur.
Par vn ſeul coup de vent ma barque eſt renuerſée,
Mon orgueil abbatu, ma gloire terraſſée.
En perdant vos faueurs, i'ay perdu mon bon-heur,
I'ay perdu mes plaiſirs, i'ay perdu mon honneur.
Bref vous ayant perdu mon mal-heur eſt extréme
Et ie croy profiter ſi ie me pers moy-meſme.
Ce iour, ce triſte iour m'abbat & me détruit.
Ce iour couure les miens d'vne éternelle nuit.
Seigneur, helas, Seigneur, vous m'auez ruinée
Par ceſte liberté que vous m'auez donnée.
Ce ſouuenir me met les larmes dans les yeux.

SOLIMAN.

Ie ne vous entens pas eſclairciſſez-vous mieux.

ROXELANE.

Lors que i'estois esclaue & sous vostre puissance
Mes volontez estoient de vostre dependance.
Ie ne faisois pour moy ny le mal ny le bien
Bref ie ne pechois point puis que ie n'estois rien,
Que de tout l'Alcoran ie n'auois connoissance
Que des loix, du respect, & de l'obeyssance
Que i'eusse crû choquer refusant les plaisirs
Que l'amour de mon Prince offroit à mes desirs.
Mais depuis le dessein d'edifier ce temple
Ma fortune a souffert vn reuers sans exemple,
Ie suis libre, Seigneur, vous l'auez souhaité,
Mais c'est ce qui me perd que ceste liberté
Liberté qui m'aprend les loix & la science
De la Religion, & de la conscience.
Sainte Religion, mais trop seuere loy
Qui me deffend l'amour d'entre mon Prince & moy.
Loy qui ne dépend point du Royal diademe
Qui vous deffend l'amour aussi bien qu'à moy-mesme
Et dont l'autorité m'a contrainte au refus
Qui trouble vostre esprit, qui rend le mien confus
Qui me rend miserable au point de vous déplaire
Au point de meriter vostre iuste colere.

SOLIMAN.

Quoy donc pour estre libre & dépendre de soy

La loy ne permet pas d'aymer encore son Roy.
Qui croiroit que des lois la diuine ordonnance
Dispensast vn suiet de son obeyssance.

ROXELANE.

Le respect, le seruice, & la fidelité
Sont les droits attachés à la principauté
Droits desquels on ne peut se dispenser sans crime
Mais l'amour quelquesfois peut estre illegitime.
Oyez les Talismans consultés les Deruis.
Leurs auis là dessus doiuent estre suiuis.
Mais puis qu'aux immortels ma liberté m'engage
Seigneur, souffrez qu'en vous i'en adore l'image.
Receuez du plus pur de mes affections
Au lieu de mon amour mes adorations.
Oubliez ce plaisir & terrestre & profane
Indigne desormais de la gloire Othomane.
Qu'à ces conditions i'embrasse vos genoux;

SOLIMAN.

Adieu, Circasse, adieu, Soldats retirez-vous.

SCENE IV.

SOLIMAN, ROXELANE.

SOLIMAN.

ENfin ie me voy libre & ie puis sans contrainte
Vous dire les douleurs dont mon ame est atteinte.
Roxelane, il est vray que ny la Royauté
Ny le pompeux éclat qu'on nomme Maiesté,
Ny les biens de la paix, ny la gloire des armes,
N'ont pour moy desormais que d'insensibles charmes.
Ie soûmets à vos pieds toutes ces vanités
Et mon Empire cede à celuy des beautes.
Ne considerez plus, ny sceptre, ny couronne,
Que celle que l'amour sur Soliman vous donne.
Regnez sur vn Monarque en effait mal-heureux
Si vous luy contestés le titre d'amoureux,
Et qui foulant aux pieds l'orgueil du diademe
Contre vostre rigueur n'oppose que vous mesme.
Donc par ces premiers feux, par ces premiers desirs,
Qui vous ont enseigné l'vsage des plaisirs,
Par ces premiers liens dont nos ames vnies

Ont autrefois gousté des douceurs infinies,
Par ce diuin esprit l'ornement de ma cour,
Par ces yeux rauissants, par le doux nom d'amour,
Par nos communs enfans, en vn mot par vous mesme
Ne desesperez point vn Prince qui vous ayme,
Et ne vous priuez pas pour des formalitez
Des plaisirs qu'autresfois vous eußiez achetez.
Mais d'où viennent ces pleurs?

ROXELANE.

Ie sçay bien que les larmes
Pour combatre vn grand mal sont de bien foibles armes
Mais soufrez-en l'vsage à mes yeux languissans
Pour les maux que ie cause & pour ceux que ie sens
Ma volonté pour vous inuincible persiste
Mais en faueur des lois mon deuoir luy resiste.
Et l'amour me pressant i'oppose à ses appas
Ie le puis, ie le veux, mais ie ne le doy pas.

SOLIMAN.

Vous ne le deuez pas vous estes insensible.

ROXELANE.

Ce que deffend la loy me tient lieu d'impoßible.

SOLIMAN.

Mais on dit que le Prince est pardessus la loy.

ROXELANE.

Il est bien vray Seigneur, le Prince & non pas moy
Ie suis dessous la loy puis que ie suis suiette.

SOLIMAN.

Mais i'en puis dispenser,

ROXELANE.

Oüy quand vous l'auez faite
Mais ceste loy dépend de la Diuinité,

SOLIMAN.

Pourquoy m'opposez-vous ceste difficulté.
Mon interest à part considerez le vostre,
Pour garder vne loy n'en rompés pas vne autre
Ne tuez pas vn Roy qui vous ayme si fort,
Et donnez luy plustost vostre amour que la mort.

ROXELANE.

En defferant aux lois que mon deuoir m'impose
Ie souffre plus que vous les maux que ie vous cause.
Mais vous changez plustost cet amour en bonté
Faites vous tant d'état d'vn reste de beauté.
Que le tems a desia presque toute effacée
Et qui n'est desormais que dans vostre pensée.
Souffrez que ie vous die en parlant contre moy
Que ceste passion est indigne d'vn Roy.
C'est amour vous fait tort.

SOLIMAN.

Helas, belle insensible,
Que me conseillez-vous? de faire l'impossible.
Que me conseillez-vous? de quitter vos appas,
C'est pour guerir vn mal condamner au trespas.
I'ay conuerty l'amour en ma propre nature,
L'amour en me quittant creuse ma sepulture.
Et ne m'opposés point le deffaut de beauté
Ie trouue encore en vous tout ce qui m'a tenté
Et le tems qui hors vous ruine toutes choses
Respecte en vostre teint & les lis & les roses.
Si bien que son pouuoir n'agit sur vos beautez
Que pour les mieux empreindre en mes sens enchantez
Aussi pourquoy les yeux triomphans des années

N'asseruiroient-ils pas des testes couronnées,
S'ils triomphent du tems qui triomphe des Rois
Quel Roy refuseroit d'obeïr à leurs lois:
Mais si l'on doit payer l'amour de l'amour mesme
Dénierez-vous l'amour à mon amour extréme.

ROXELANE.

Seigneur, que vos raisons ont de puissants appas
Mais la loy determine & ne raisonne pas
I'oppose à vos raisons une force contraire
La loy me le deffend donc ie ne le puis faire:
Mais puis que vostre amour & le respect des lois
Inquietent vostre ame & la mienne à la fois
Vous pouuez trauailler au repos de deux ames
Sacrifiés ma vie à l'excez de vos flames.
Ainsi par mon trespas finira vostre amour
Et sans rompre les lois ie quitteray le iour.

SOLIMAN.

Pourquoy me donnez-vous ce conseil sanguinaire?
Pourquoy pour ne commettre vn crime imaginaire?
Voulez-vous me noircir de deux vrais attentats
Et contre vos beautés & contre mes Etats.
En vous faisant mourir sans cause legitime
Ie commettrois moy-mesme vn veritable crime.
Voulez-vous qu'à ma honte on publie en ma cour

Que ie donne la mort en donnant mon amour.
Et si l'ame vit plus en la personne aymée
Qu'en celle qu'en effait elle rend animée,
En m'armant contre vous ie m'arme contre moy.
Et ie laisse mon peuple & mes Estats sans Roy.
Mais ne retenés plus mon esprit en balance,
Ou ma vie, ou ma mort, prononcés ma sentence,
Voulez-vous point finir les tourmens où ie suis?

ROXELANE.

Ie les voudrois finir, mais enfin ie ne puis.

SOLIMAN.

Comment vous ne pouués, vous ne pouués, ingrate?
C'est à ce coup qu'il faut que ma colere éclate,
Oüy! superbe, les lois te font manquer de foy,
Oüy, les lois t'ont apris à mespriser ton Roy:
Donc que ces mesmes lois qui font ton insolence
Te viennent desormais soustraire à ma vengeance
Ie seray de ton crime, en quittant la douceur,
Et tesmoin, & partie, & iuge, & punisseur,
Ie te rends miserable au point que la mort mesme
Deniera son secours à ta misere extreme
Quelqu'un à moy.

SCENE V.

SOLIMAN, ROXELANE, ORMIN, OSMAN, &c.

ORMIN.

SEigneur.

SOLIMAN.

Qu'on la charge de fers
Qu'on la traisne viuante en l'horreur des enfers
Qu'on luy creuze vn abisme au centre de la terre
Où son remors luy fasse vne eternelle guerre,
Où detestant son crime, & sa vie, & son sort
En vain à son secours elle appelle la mort,
Enfin où sa fureur à sa perte animée
Enrage de despit de se voir desarmée.
Qu'on emporte ce monstre, Ormin je parle à vous,
Qu'on l'oste, sa presence augmente mon courrous.

ROXELANE.

O Seigneur accordez la mort à ma priere.

SOLIMAN.

Ie te l'accorderois si ie voulois te plaire
La mort est vne grace & non pas vn tourment
Pour ceux que ie destine à mon ressentiment.
Tu la souhaitterois mille fois & ta vie
Aux plus cruelles morts portera de l'enuie.
Qu'on l'oste, dis-je.

ROXELANE.

Allons, mais helas en quel lieu
Où l'on faict souffrir l'ame auec le cors, Adieu.

SOLIMAN.

Helas, en cet adieu je sens de nouueaux charmes
Qui me percent le cœur, qui me donnent des larmes.
Ormin, parlez à moy traittez-la doucement,
Ie veux que tout son mal soit la peur seulement.
Asseurez-vous pourtant toujours de sa presence,
Faut-il que cette affaire esbranle ma constance,
Possible elle a raison, j'en veux estre éclaircy,
Assemblez le Conseil pour vne heure d'icy.

ACTE V.

SCENE PREMIERE.

CIRCASSE, ACMAT.

CIRCASSE.

EN ce iour où le Ciel doit monstrer à ma peine
Où sa derniere grace ou sa derniere hayne,
Doy-ie l'espoir s'offrant le prendre ou le quitter
Me doy-ie réjouyr ou me doy-ie attrister.
Le perilleux état où ie voy ma riuale
Me dit & l'vn & l'autre auec raison égale
Lors que ie pense Acmat, que le Ciel a permis
Que ie visse auiourd'huy sa teste en compromis,
Et que le Roy piqué d'vn courroux legitime
Assemblast le Conseil pour iuger de son crime,
I'ay quelque droit d'attendre vn succez bien-heureux,
Qui rende à mes desirs vn Monarque amoureux;
Mais lors que je remets en mon ame incertaine,
Qu'en sa faueur l'amour combat encor la hayne,

Que cet esprit est plein de ruses & d'appas,
Ie crains ie ne sçay quoy que ie ne preuoy pas.

ACMAT.

Vous puis-je, ou plustost vous doy-je faire entendre
Vn certain bruit qui court que l'on me vient d'apprendre.

CIRCASSE.

Pourquoy mon cher Acmat?

ACMAT.

Ie crains.

CIRCASSE.

Fusse ma mort
Ie voy sans m'estonner & l'vn & l'autre sort.

ACMAT.

On dit parmy le peuple & dedans la cour mesme
Que Soliman pressé de son amour extreme,
Et voyant que la loy luy deffend d'en oser
Trouue vn autre moyen!

CIRCASSE.

Quel?

ACMAT.

C'est de l'épouser,

CIRCASSE.

Qui?

ACMAT, ROXELANE.
CIRCASSE.

O Dieu vous m'annoncés ma perte
Il n'en faut plus douter la fourbe est découuerte
Ie voy certainement, mais trop tard, mais en vain
Que tout ce qu'elle a fait tendoit à ce dessein.
Mal-heureux Mustafa, Circasse infortunée
Verrez vous sans mourir la fourbe couronnée?
Non, non, il faut mourir, plustost que de la voir
Cedés craintes & soupçons cedés au desespoir,

ACMAT.

Mais quoy deuant le tems vous rendre miserable
Peut estre c'est vn bruit qui n'est pas veritable,
Le Conseil assemblé qu'on doit tenir icy,
Rendra dans peu de tems ce soupçon éclaircy

Lors que plus puissamment le mal-heur nous outrage
C'est lors qu'il faut combatre auec plus de courage
Et qu'il faut faire voir au destin rigoureux
Que quiconque á du cœur n'est iamais mal-heureux.
Quand à moy quelque coup de foudre ou de tempeste
Que le Ciel mutiné fasse choir sur ma teste.
Ie mourray genereux & toûiours combattant
Et si vous me croyez vous en ferés autant.

CIRCASSE.

Par vos Conseils, Acmat, mon ame se redresse,
Combattons iusqu'au bout le mal qui nous oppresse.
I'aßiste à ce Conseil afin de m'opposer
A quiconque ouurira le discours d'épouser
Et combien qu'à mon sexe on en ferme la porte
Si l'on m'en fait sortir ce ne sera que morte
Ha Mustafa mon fils : mais voicy l'Empereur,
Que cette suite Acmat redouble ma terreur.

SCENE II.

SOLIMAN, CIRCASSE, ACMAT, LE MVFTI, RVSTAN, ORMIN, OSMAN.

SOLIMAN.

AMis dont la valeur iointe à l'experience
Affermit ma couronne, asseure ma puissance.
Et partage auec moy le soin de tant d'étas
Desquels ie suis le chef, vous les mains, & les bras,
Apres tant de combats, de murailles forcées
De trosnes abattus, de grandeurs terrassées.
N'ayant plus rien à vaincre il sembloit desormais
Que l'vniuers soûmis nous forçast à la paix,
Mais l'Enfer enragé de voir que dans la guerre
Tout faisoit place aux coûs de nostre cimeterre
Qu'en vain contre ma gloire il faisoit des proiects
Puis que de ses supposts ie faisois mes suiects.
L'Enfer dis-ie voyant le bon-heur de ma vie
Impenetrable aux coûs que lançoit son enuie,
S'il ne me suscitoit de plus fors ennemis
Que l'vniuers entier qu'il me voyoit soûmis,

A trouué dans ce cœur plus grand que tout le monde
Ce qu'il n'a peu trouuer sur la terre & sur l'onde.
En moy mes ennemis, mais ennemis puissants
Et d'autant plus que l'ame est au dessus des sens,
Guerre plus que ciuille, & qui porte à l'extresme
Vn Roy vainqueur de tous excepté de soy mesme.
Iugés où peut aller ceste sedition,
Vne passion choque vne autre passion.
L'irresolution force la patience,
La tendresse de cœur s'oppose à la vengeance.
Et dedans mon esprit triomphent tour à tour
La pitié, la colere, & la hayne & l'amour.
Cependant ie fourny l'entretien à ces guerres
I'aide les ennemis qui rauagent mes terres,
Et bien qu'ils tendent tous à ma destruction
Ie suis pourtant le chef de chaque faction.
Et comme si i'estois l'ennemy de mon ame
I'en banny le repos & i'y porte la flame.
Pere si vos Conseils ne donnent guerison
A l'excez des tourmens que souffre ma raison
Ce cœur que les assaus des villes assiegées,
Ce cœur que les combats, les batailles rangées,
Que mesme son mal-heur n'a pû faire tomber
Combattu par soy mesme est prest à succomber.

LE MVFTI.

Ie viole les lois que le respect m'impose

Mais

Mais vous parlez d'effaits ſans en dire la cauſe.
Quel moyen de connoiſtre vn mal caché dedans
Et qui ne nous paroiſt que par les accidens?

SOLIMAN.

Ha que me dites vous ma playe eſt ſi profonde
Que ie crains d'en mourir en y portant la ſonde
Toutesfois il le faut: mais vous n'en doutez pas,
Roxelane en vn mot cauſe tous ces combats
Vous ſçauez à quel point i'aymay ceſte rebelle
Qu'auiourd'huy ſes meſpris me rendent criminelle.
Et qui pourtant encor criminelle qu'elle eſt
Malgré tous ces meſpris me captiue & me plaiſt.

LE MVETI.

Ceſte guerre, Seigneur, vous eſt vn champ de gloire
Vous y pouuez gaigner vne belle victoire.
Combattez ſeulement & par ceſte action
Voſtre vertu s'éleue à ſa perfection.
De l'vniuers ſoûmis la victoire eſt commune
Entre-vous, vos ſoldats, & meſme la fortune
Mais icy vous pouuez tout ſeul autant que tous
Et pour ſortir vainqueur c'eſt aſſez que de vous.
Perdez ces paſsions dont la force maiſtriſe
Seulement qui leur cede & craint qui les mépriſe
Pour vaincre en ceſte guerre vn homme genereux

A besoin seulement de dire, ie le veux

SOLIMAN.

Pompeux raisonnemens, magnifiques parolles,
Belles pour le discours, mais pour l'effait friuolles.
Au lieu de me donner les moyens de guerir
Pere vous me donnez les moyens de mourir.
I'ayme mes passions & ie vy de leur flame
Ie n'ay plus d'autre cœur, d'autre sang, ny d'autre ame
Aussi ne veux-ie pas les perdre pour iamais
Mais ie voudrois bien mettre entr'elles quelque pays
I'ayme vous le sçauez auec impatience
Celle dont le refus m'anime à la vengeance,
Et qui dit que les lois luy deffendent d'aymer
Vn Monarque qui l'ayme & qu'elle a pû charmer.
Dites-moy ceste excuse est elle legitime
Et si ceste raison la dispense de crime,
AccordeZ s'il se peut mon amour & la loy,
Si vous ne vouleZ pas voir mourir vostre Roy
Au nom de Mahomet, pere, ie vous coniure.

LE MVFTI.

Ie me trouue empesché dedans ceste auanture
Ceste affaire impliquée offre de tous costés
A mon esprit confus mille difficultés.
Roxelane estant libre & de sa deppendance

L'Alcoran vous deffend d'auoir sa iouyssance.
Sans déplaire aux Prophetes & violer les Lois,
Vous ne pouuez l'aymer de mesme qu'autrefois.

SOLIMAN.

Moy ne iouyr jamais des plaisirs de sa couche?

LE MVFTI.

Icy vostre interest sensiblement me touche.
Ie voy que cet amour vous embarrasse au point
Qu'il faut la posseder ou bien ne viure point
Mais aussi ma raison se confesse debile
A trouuer vn moyen qui vous peust estre vtile.

CIRCASSE.

Comme le traistre feint, Acmat voyez-vous pas
Comme il trompe le Roy, comme il luy tend des lacs.

LE MVFTI.

Par vn certain moyen qui me vient en pensée
On peut donner remede à vostre ame blessée
Et sans interesser, ny le Ciel, ny ses drois
Consilier ensemble & l'amour & les Lois.
Mais comme le remede au goust desagreable
Souuent au patient est le plus profitable:

Ainsi par ce moyen un peu fascheux d'abbord
Vostre amour & les lois peuuent tomber d'accord
Vous pouuez sans choquer les lois de conscience
De vostre Roxelane auoir la iouyssance.

SOLIMAN.

Pourquoy tardez vous tant à me le proposer.

CIRCASSE.

Que va-t'il dire, Acmat?

LE MVFTI.

Vous pouuez l'epouser.

SOLIMAN.

Epouser vn esclaue ha que dites vous, pere!

LE MVFTI.

Le remede est fâcheux mais il est salutaire
He Seigneur qui des deux est indigne de vous
D'estre nay d'vn esclaue ou d'en estre l'epous.

ACMAT.

Se peut-il faire ô Ciel que Soliman endure
Que l'on fasse à sa gloire vne si grande iniure?
Qu'en faueur d'vne esclaue on viole les lois
Pour la faire monter au trosne de nos Rois?
Cette fourbe, Seigneur, de long-tems proiettée
Paroist-elle à vos yeux sans estre rebuttée
Et ne voyez vous pas que ceste sainteté,
Ce Temple, ces Autels, & ceste liberté,
Tous ces refus d'aymer que faisoit Roxelane
Auoient pour leur obiect la couronne Othomane.
Et ne voyez vous pas que pour vous enflammer
On vous cite la Loy qui vous deffend d'aymer
Mais par la passion de la voir couronnée
On se taist de la Loy qui deffend l'Hymenée
Ainsi cet imposteur que Roxelane instruit
Dit tout ce qui luy sert, taist tout ce qui luy nuit.

LE MVFTI.

Ie ne m'offence pas des discours dont l'enuie
Par la bouche d'Acmat scandalise ma vie.
Et principalement parlant deuant vn Roy
Qui sçait qui le sert mieux ou d'Acmat ou de moy.
Les Lois en cet état n'admettent point de Reynes
Il est vray, mais Acmat ces lois ne sont qu'humaines

Pour l'interest publiq on les peut abroger
Et comme vn Roy les fist, vn Roy les peut changer
Mais les diuines Lois sont Lois inuiolables
Dont les decisions doiuent estre immuables,
L'humaine Loy deffend aux Princes Othomans
D'estre iamais époux, mais seulement amans.
Mais aux mesmes le Ciel deffend la iouyssance
De toute femme libre & hors de leur puissance.
En fin iugez, Seigneur, qui doit ceder des deux
De la Loy de la terre ou de celle des Cieux.

SOLIMAN.

Qui des trois sur mon ame aura plus de puissance,
De l'honneur, de l'amour, ou de la conscience,
Epouser vn esclaue, ha conseil suborneur
Qui pour plaire à l'amour me ruine d'honneur.
Non non suiuons plustost vn auis tout contraire
Qui ne veut mon amour, qu'il sente ma colere.
Elle en mourra l'ingratte, Ormin que de ce pas
Mais que dis-ie l'amour s'oppose à son trespas
Ce traistre en sa faueur contre son ordinaire
Se ioint à la raison pour vaincre ma colere.
Et deuant ma iustice & contre tous mes drois
Pour elle il fait parler l'authorité des Lois:
Mais les Lois sont contre elle, est-elle pas suiette
Doit elle contester ce que son Roy proiette.
Vn suiet doit tousiours obeyr, mais vn Roy,

Ne luy doit commander que ce que veut la Loy.
Contrairés sentiments dont mon ame est battuë
La douceur m'est contraire & la rigueur me tuë
Sans remede mon mal ne se peut supporter
Et les medicaments ne font que l'irriter
Soit fourbe, soit raison, soit verité, soit feinte
Ie sens de tous costez mon esprit en contrainte.
Moy contraindre à m'aimer au mesprís de la Loy
Vne personne libre & qui depend de soy
Mais pourrois-ie étoufer ceste agreable flame
Qui fait mouuoir mon cors qui fait agir mon ame?
Mais quoy pour contenter cette amoureuse ardeur
Suiuray-ie ce conseil fatal à ma grandeur?
Epouser vn esclaue & contre la Loy mesme?
Loy mais qui n'est qu'humaine, esclaue mais que i'ayme
Lois humaine & diuine amour & maiesté
Me tiendrez-vous tousiours en ceste extremité.
Mais pourquoy raisonner, ou le Ciel determine
Cedez humaine Loy cedés à la Diuine,
Cedez raisons d'état aux volontez des Cieux,
Cedez fiere grandeur aux coups de deux beaux yeux,
Cedez, cedez enfin, faux éclat, vaine gloire,
Le combat est finy l'amour a la victoire.
Qu'on la fasse venir.

CIRCASSE.

O merueille des Rois

I'embraſſe vos genoux pour la derniere fois.
La derniere faueur dont ie vous importune
C'eſt la mort c'eſt la fin de ma triſte fortune
Mort qui me ſera douce apres ce que ie voy
Si ie puis l'obtenir par l'ordre de mon Roy
Que ie rende à vos pieds les reſtes de l'enuie
L'obiect des trahiſons la butte de l'enuie.
Et ſi voſtre faueur veut m'accorder la mort
Que celle de mon fils accompagne mon ſort.
A Muſtafa Seigneur faites miſericorde
Qu'il meure par l'epée & non pas par la corde
Qu'il meure par le fer & non par le poiſon
Qu'il meure par voſtre ordre & non par trahiſon
Et ne voyez vous pas la fourbe découuerte
Que cet Hymen conclud, conclud auſſi ſa perte
Hymen que Roxelane a trouué pour moyen
D'éleuer ſes enfans à la perte du mien.
Que pour y paruenir les gens de ſa menée
Vous viennent propoſer cet infame Hymenée.
Et que pour ſatisfaire à ſon ambition
On explique les Lois à ſon intention.
Mais, Seigneur, remontez iuſqu'à voſtre origine
Songez que vous ſortez d'vne race diuine
Du ſang de Mahomet & de tant de grans Rois
Et poſſedant leur troſne au moins gardez leurs Lois
Mais ſi mal-gré l'honneur & la gloire Othomane
Vous eſtes reſolu d'épouſer Roxelane
Afin de ne pas voir la honte de mon Roy

Ie demande la mort pour mon fils & pour moy.

RVSTAN.

Quoy, Seigneur, endurer vne telle insolence?
Quoy vous scandaliser de manquer de prudence?
Ne parlez plus, Seigneur, de souueraineté
Puis qu'on peut s'opposer à vôtre volonté,
Quoy, donc en cet état cesse ceste maxime
Qu'on ne peut contester le souuerain sans crime.

CIRCASSE.

Tout ce que ma raison tente inutilement
Vostre fourbe la fait mais plus heureusement,
Vostre artifice à fait le crime qu'il m'impute:
Ainsi mes ennemis triomphent de ma cheute,
Et sur l'esprit du Roy leur pouuoir est si fort
Que mesme à ma priere on refuse ma mort,
Seigneur, accordez-moy ceste derniere grace.

SOLIMAN.

Vostre vie est à moy i'en prens le soin, Circasse.

CIRCASSE.

Et Seigneur pourriez-vous la deffendre des cous
De celle dont la fourbe a triomphé de vous!

SOLIMAN.

I'en prends le soin, vous dis-ie, & cela vous suffise.

CIRCASSE.

Que peut vn Empereur qui n'a plus de franchise.

SOLIMAN.

Mais i'apperçoy l'obiect de mes contentemens.

SCENE DERNIERE.

SOLIMAN, ROXELANE, LE MVFTI, CIRCASSE, ACMAT, RVSTAN, ORMIN, OSMAN.

SOLIMAN.

VEnez chaste beauté, Reine des Mussulmans
Venez de Soliman l'épouse legitime.

CIRCASSE.

Helas de cet Hymen ie seray la victime
Le sang de Mustafa signera cet accord,

Que tardes-tu, Circasse, à la mort, à la mort.
Vous qui vostre amitié dans nos mal-heurs assemble
Acmat ne pouuant viure allons mourir ensemble.

ACMAT.

Allons & faisons voir par vn coup genereux
Que qui sçait bien mourir n'est iamais mal-heureux.

ROXELANE.

Que faites vous, Seigneur, ceste grace impreueuë
Remplit d'étonnement mon oreille & ma veuë,
Moy mal-heureux obiect de vos ressentiments
Moy pour qui vos rigueurs preparoit des tourmens,
En vn moment monter en ce degré supréme
Cela n'est pas croyable & i'en doute moy-mesme,
Où me conduisez vous?

SOLIMAN.

En mon trône, en mon rang.

ROXELANE.

Où ne monta iamais personne de mon sang.
Seigneur?

SOLIMAN.

Montez-vous dis-ie, & prenez la couronne

Que par les mains d'amour vostre vertu vous donne
Regnés dessus mon peuple & luy donnés des lois
Ie vous donne sur luy la moitié de mes drois,
Et combien que les lois semblent y contredire.
Ie nomme vos enfans successeurs à l'Empire.
Vous autres puis qu'icy le sort vous a portez,
Prestés-luy le serment de vos fidelitez.

LE MVET.

Seigneur, ie vous promets pour toute l'assistance
De viure & de mourir sous son obeyssance.

SOLIMAN.

Que voulez-vous encor.

ROXELANE.

En ce haut rang d'honneur
Mon foible esprit ne peut comprendre son bon-heur,
Tant de biens que le Ciel par vos bontez m'enuoye
Font que presque ie meurs & de honte & de ioye,
Mais, Seigneur, ie proteste & le Ciel & la loy
De vous rendre tousiours l'honneur que ie vous doy,
De viure comme esclaue & non pas comme Reine
En tres-humble sujette & non en souueraine.

FIN.

www.ingramcontent.com/pod-product-compliance
Lightning Source LLC
Chambersburg PA
CBHW052148090426
42741CB00010B/2190

9782012624627